Dans la collection **CARNETS DE SAGESSE** :

PAROLES INDIENNES
par Michel Piquemal
PAROLES DU BOUDDHA
par Marc de Smedt
PAROLES ZEN
par Marc de Smedt
PAROLES DE LA GRÈCE ANTIQUE
par Jacques Lacarrière
PAROLES DE JÉSUS
par Jean-Yves Leloup
PAROLES DE LA ROME ANTIQUE
par Benoît Desombres
PAROLES D'ISLAM
par Nacer Khémir
PAROLES DE L'ÉGYPTE ANCIENNE
par François-Xavier Héry
PAROLES DU TAO
par Marc de Smedt
PAROLES DE NATURE
par Jean-Marie Pelt
PAROLES D'AFRIQUE
par Gérard Dumestre
PAROLES CELTES
par Jean Markale
PAROLES DE CHAMANS
par Henri Gougaud
PAROLES DES SAGES DE L'INDE
par Marc de Smedt
PAROLES DU JAPON
par Jean-Hugues Malineau
PAROLES DE TOUAREGS
par Maguy Vautier

PAROLES DE PEINTRES
par Jean-François Domergue
PAROLES DE SAGESSE LAÏQUE
par Daniel Royo
PAROLES ABORIGÈNES
par Thomas Johnson
PAROLES AZTÈQUES
par Jean Rose et Michel Piquemal
PAROLES DU TIBET
par Marc de Smedt
PAROLES DE SAGESSE ÉTERNELLE
par Michel Piquemal
et Marc de Smedt
PAROLES DE DANSE
par Stéphanie Roux
PAROLES KABYLES
par Samia Messaoudi
et Mustapha Harzoune
PAROLES DE SAGESSE VIKING
par Willem Hartman
PAROLES D'AVANT L'ÉCRITURE
par Jean Rose
PAROLES DE DÉSERT
par Maguy Vautier
PAROLES DE MÉDITATION
par Marc de Smedt
PAROLES DE GRIOTS
par Mathilde Voinchet
PAROLES DU DALAÏ-LAMA
par Marc de Smedt
PAROLES DE CONFUCIUS
par Cyrille J.-D. Javary

Collection dirigée par Marc de Smedt et Michel Piquemal
Maquette : Albin Michel avec la collaboration de Sandra Sainte Rose

www.albin-michel.fr
Loi 49956 du 16 juillet 1949 sur les publications destinées à la jeunesse
Dépôt légal : 1998 – N° d'édition : 11837/5
ISBN-13 : 978 2 226 09080 5
Imprimé en France par Pollina S.A., 85400 Luçon, en juin 2008, n° 47403B

PAROLES ABORIGÈNES

Australie

Textes présentés et recueillis
par Thomas Johnson

ALBIN MICHEL
CARNETS DE SAGESSE

À Clifford Possum et aux siens,
à Tim, qui fut le premier à me guider dans la brousse,
à Théo, Leïla et Isi.

Parfois, les Rêves disparaissent sous terre.

Silence !

Il est grand temps de regarder et d'écouter ce que les premiers habitants du continent australien ont à nous montrer et à nous dire. Dans l'espoir qu'ils aient encore le désir de nous parler. De parler aux descendants de ceux qui, il y a deux cents ans, sont arrivés chez eux avec la volonté déclarée de les anéantir. Les Aborigènes ont tous été de près ou d'un peu plus loin les victimes de cette tentative de génocide.

L'homme blanc a essayé de les éliminer physiquement et culturellement.
On les a arrachés à leur terre. On les a parqués dans des camps de concentration. On les a tués. On a interdit leurs cérémonies, violé leurs lieux sacrés et leurs tombes, volé leurs objets de culte. On a enlevé leurs enfants.
On leur a donné des noms européens. On les a enfermés dans des pensions, pour leur apprendre « La » culture. Comme si il n'y en avait qu'une. Comme si la leur n'existait pas. On a essayé de faire table rase du passé, comme dans les pires dictatures.
En 1770, à peine débarquée, l'administration européenne qualifiait l'Australie de terra nullus *– terre vierge. Officiellement, le peuple aborigène n'existait pas.*

C'est en 1972 que les premiers habitants du continent australien sont reconnus citoyens. On ne leur restitue des terres que depuis 1983, et en cette fin de XXe siècle, ils risquent encore d'en être chassés !
Malgré cet acharnement, les communautés aborigènes ont survécu. Leur culture est toujours vivante et ils sont prêts, malgré tout, à la transmettre à ceux qui veulent entendre.

Une des portes que les Aborigènes d'Australie nous invitent à pousser n'est rien de moins que celle du Temps des Rêves.
En ce Temps mythique et très lointain, les Grands Ancêtres – animaux-êtres-humains-géants – vivaient sur la Terre qui porte encore les stigmates de leur passage. Où ils se sont aimés naquirent des sources, où ils se sont assis, des monolithes, où ils ont disparu, des grottes et des crevasses, et les chemins qu'ils ont parcourus se sont transformés en fleuves et en chaînes de montagnes.
On raconte que les Grands Ancêtres auraient disparu à la suite d'une pluie de météorites, laissant derrière eux non seulement les Rêves, mais aussi la Loi.
Cette Loi, chacun doit la transmettre, par les Rêves, de génération en génération. Ses plus anciennes traces viennent d'être découvertes dans une grotte des forêts tropicales du nord de l'Australie : de simples points gravés dans la roche, il y a soixante-dix mille ans.
Il s'agit de la plus ancienne culture transmise sans interruption depuis la nuit des temps. Et c'est la Loi qui, déjà, impose à l'homme le rôle de gardien de la planète !

Les esprits des Ancêtres sont toujours présents et ce sont leurs histoires, et donc celles de la création du monde, qui forment ce que les Aborigènes appellent aujourd'hui encore les Rêves.
À chaque Rêve correspond le récit d'une fraction de ce qui s'est passé lors du Temps mythologique. À chaque Rêve son lieu, l'endroit précis de la brousse où cela s'est déroulé et où l'on peut aujourd'hui encore en découvrir les traces. À chaque Rêve, sa musique, son rythme, sa

chanson, ses costumes, son graphisme, ses peintures sur le corps et dans le sable. À chaque Rêve, sa danse. Et ce sont ces Rêves que les artistes aborigènes écrivent aujourd'hui sur la toile, à la peinture acrylique, les sauvant pour toujours de l'oubli.

« Les Rêves, on peut les suivre », raconte Clifford Possum Tjapaltjarri, le plus célèbre peintre aborigène contemporain, assis sur une toile posée à même le sable et qui, bâtonnet à la main, la recouvre de milliers de petits points de peinture.
« Celui-ci se dirige vers une source. Il s'arrête là, puis se remet en route, puis disparaît sous terre. Même invisible, il continue. Il s'enterre de plus en plus profond… Puis, là-bas, émerge de nouveau… »
Les Rêves voyagent et s'entrecroisent sur et sous la surface du monde, aussi invisibles qu'un champ magnétique.
Ils se déploient tel un filet dont on pourrait suivre chaque fil en marchant, en dansant et en chantant.
Ce réseau unit la matière aux plantes, les animaux aux humains. Et c'est ce réseau qui permettrait aux êtres de communiquer à distance, de s'entendre et de se parler en silence, même à des centaines de kilomètres l'un de l'autre. C'est le bush telephone *– le téléphone de la brousse, sans fil et sans combiné !*
Mais quel rapport entre ces Rêves-là et les rêves que l'on connaît tous, ceux du dormeur ?
« Il faut étudier pour comprendre », répond Clifford Possum. « L'université de la brousse est faite pour ça. Étudiez trois, quatre, cinq ans, alors, vous connaîtrez peut-être la réponse. »

Thomas Johnson

Clifford Possum peignant
Le Rêve de la fleur sauvage

Histoire d'Amour (1997), **Clifford Possum.**
Muni du fuseau, l'Amoureux tisse des cheveux humains pour se fabriquer un cache-sexe.

Cette histoire est pour **tous.**

Tout le monde doit écouter.

Même histoire pour **chacun.**

Seule change la langue.

Big Bill Neidjie
Pays Gagudju

Les gardiens de la planète

Il y a très, très longtemps,
bien avant le Temps du **Rêve**,
avant même que le temps puisse être compté,
le monde n'avait pas de forme.
Il était mou et sans cesse en mouvement.

Au tout début du Temps du Rêve,
Warramarrungundji sortit de la **mer**.
Être féminin de forme humaine, il créa la **Terre**
et donna naissance aux humains et à leurs langues.

Puis d'autres Êtres Créateurs sont venus.
Ginga, le crocodile ancestral géant, créa le **roc**.
Marrawuti, l'aigle des mers porta les nénuphars
dans ses serres et les planta dans les **plaines**.

Une fois l'acte de création accompli,
les esprits des Grands Ancêtres
se sont incrustés dans les paysages
où ils sont toujours.

Warramarrungundji est un rocher blanc en pleine forêt.
Ginga, une montagne
dont la forme est semblable à celle de son dos.

La Terre est notre mère, l'aigle notre cousin.
L'arbre pompe notre sang et l'herbe pousse.

Les êtres ancestraux nous ont dit :

> « Maintenant que nous avons fait toutes ces choses, à vous de les surveiller afin qu'elles restent pour toujours. »

C'est ainsi que les humains ont été chargés
d'être les gardiens de la planète.

Récit Gagudju de la création

Lac salé de Punmu (1994), **Rover Thomas.**
Ce lac se remplit tous les deux ou trois ans.
Les poissons y réapparaissent immédiatement.

Rêve de l'Ancêtre féminin (1980), **Daisy Napanangka Nelson.**
Chaque demi-cercle est une femme assise.

Je ressens avec mon corps,
avec mon sang.
Je ressens le pays
à travers ses arbres.

Tu sens le vent quand il souffle.
Pour le pays, c'est la même chose,
tu le sens. Tu peux le voir.
C'est cette sensation
qui permet d'exister.

Pendant que tu dors, tu rêves.
Herbe, arbre, même chose.
Ils poussent avec ton corps,
avec ton sentiment.

L'eau est ton sang.
L'eau !
Tu ne peux vivre sans eau…

Big Bill Neidjie

La terre vit,
elle nous parle nuit et jour.

Les arbres vivent.
Ne les coupe qu'en cas
de nécessité.

Par pitié, frères et sœurs,
ne tuez pas
par jeu ou par haine.

Ayez toujours du respect
pour la terre comme
pour la mer.

La nature se montre cruelle
avec celui qui ne sait l'utiliser.

Nous ne formons tous
qu'un seul peuple.
Par pitié, ne l'oubliez pas.

Ho Nulli-good yundoo guddayga
gurrijgoo dooena.

Grand Esprit, sois avec nous.
Ne nous quitte jamais.

Graham Brady

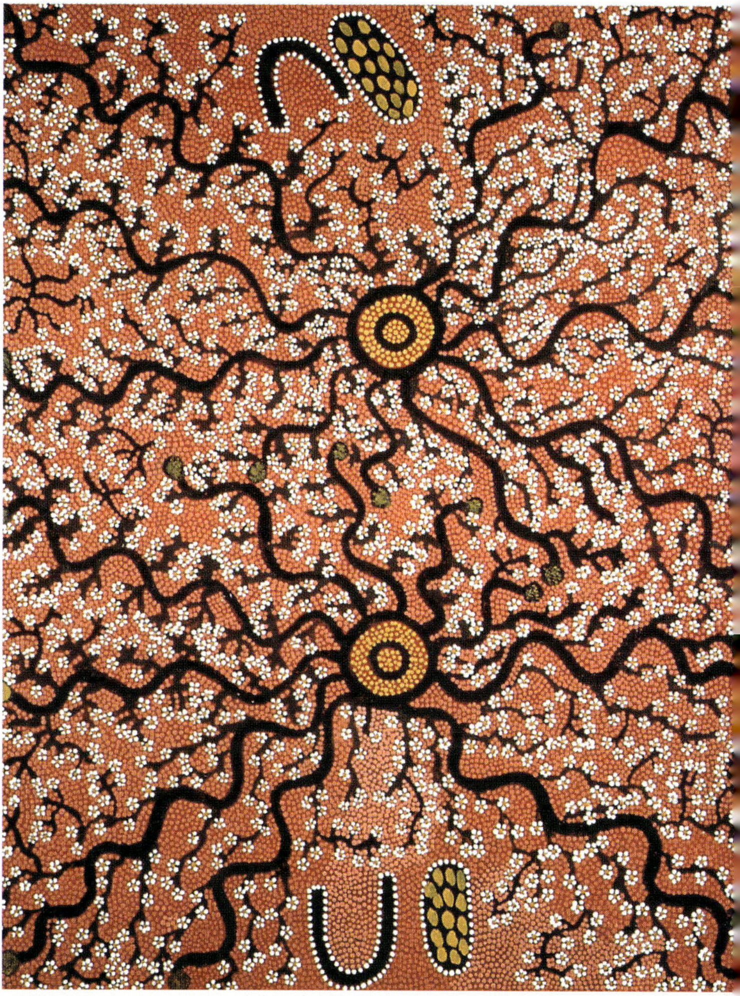

Rêve de femmes, Yuendumu (1991).
Assises sous les arbres, elles récoltent des œufs de serpent.

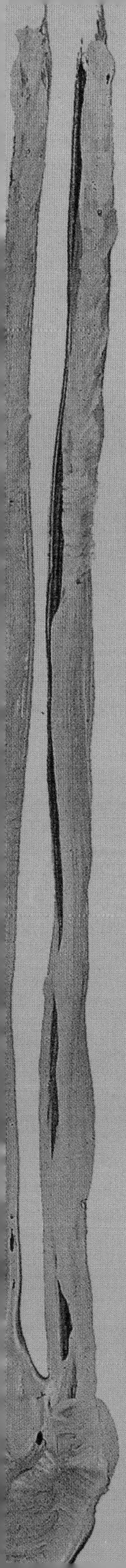

Si tu coupes un arbre,
n'importe quel arbre,
cela te blessera,
et tu peux en tomber malade.

Lorsque l'arbre disparaît,
les animaux disparaissent aussi.
Et le pays change.

Touche à rien.
Demande d'abord !
C'est ça, la Loi.

Jackie Friday Kuku Yalandji
de la forêt tropicale Bloomfield River

Mon pays (1995), Emily Kame Kngwarreye.

Les Grands Ancêtres inséminent la terre
de la poussière qui tombe de leurs décorations
lorsqu'ils dansent sur les lieux sacrés.
Ils sont la force qui infuse le sol.

Nancy Mum

Guerrier Mitukatjirri (1988), Turkey Tolson Tjupurrula.
Lors des cérémonies, on se peint le corps à l'image
des Grands Ancêtres.

Rouge

Rouge est la couleur
de mon **sang** ;
de la **terre,**
dont je fais partie ;
du **soleil** lorsqu'il se lève et se couche,
dont je fais partie ;
des **fleurs waratah** et
du poids du **désert,**
dont je fais partie.
Toutes choses font partie de moi,
et moi, je fais partie d'elles.

W. Les Russell
Boolidt Boolidtha

Sans titre (1994), **Rover Thomas.**
Il peint son pays, Kimberley, tel que les Blancs
l'ont laissé au lendemain des massacres.

Comment la mort est venue en ce monde

Un jour où Purukuparli restait au camp, Waijani, sa femme, s'en fut retrouver son amant Tapaji.
Elle prétexta d'aller chercher à manger. Waijani et Tapaji commirent l'adultère, mais sous le regard du hibou.

Waijani avait amené avec elle son bébé Janani. Elle le laissa à l'ombre d'un arbre. Elle s'absenta trop longtemps. L'ombre se déplaça, exposant petit à petit le bébé aux rayons mortels du soleil. Triste, elle s'en retourna lentement au camp.

Quand il apprit ce qui s'était passé, Purukuparli chassa sa femme. En signe de culpabilité et de regret, Waijani se couvrit le pubis de ses mains. Par solidarité, sa mère fit de même.
Puis, Tapaji vint réclamer l'enfant mort afin de le ressusciter. Purukuparli refusa : « Maintenant que mon fils est mort, tout le monde devra le suivre. On devra tous mourir. »
Alors, armés de fourches d'éclair, Tapaji et Purukuparli se sont battus. Purukuparli blessa Tapaji de nombreuses fois au visage, et l'obligea à s'envoler. Tapaji se transforma et devint la lune, apparaissant et disparaissant tous les mois, comme pour rappeler à l'homme son immortalité perdue. Purukuparli célébra le rituel d'enterrement, assisté par l'oiseau Tokawanpini. Il montra aux gens comment fabriquer les ornements funéraires et comment exécuter les danses.

Puis, à la pointe est de l'île de Melville, Purukuparli prit son enfant dans les bras et marcha vers la mer.

Aujourd'hui encore, on y voit le tourbillon d'eau qui les avala.

Rêve du peuple Tiwi
Île de Melville

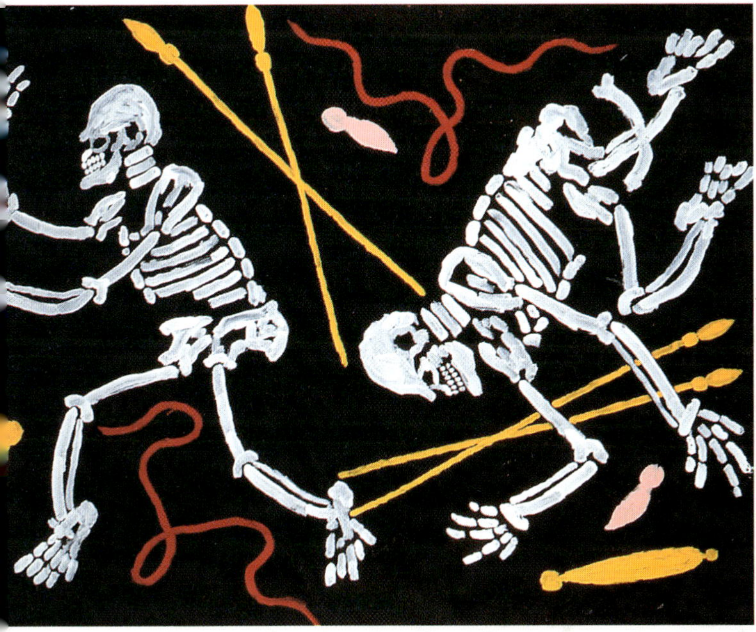

Warlugulong (1997) **de Clifford Possum.**
Deux frères morts dans l'incendie allumé par leur propre père.
Les squelettes sont toujours là, incrustés dans le désert.

D'une seule étoffe (1987), Tim Johnson.

Les images sont des rêves.
Ils existent indépendamment du temps.
Ainsi peut-on peindre l'avenir.

Tim Johnson

À l'intérieur, se lève un guerrier des Temps,
il possède mon âme.
Je bois à la coupe de sa légitime indignation.
Je ne veux pas de sang, juste être.
Mais même avec lui, il n'y a personne
pour m'enseigner ces chansons qui attirent
l'oiseau lunaire, le poisson et tous les autres,
tout ce qui fait de moi ce que je suis.

Errol West
*Tasmanie**

*Sur l'île de Tasmanie, au sud de l'Australie, le génocide a été quasi total. Il ne reste que quelques représentants de cette communauté, jadis très importante.

Esprit sculpté dans du bois d'après les dessins peints il y a des milliers d'années dans les grottes sacrées.

Rêve du Ver (1997), **Clifford Possum.**
Traces laissées par les Ancêtres Hommes-Vers lorsqu'ils ont parcouru la Terre à l'époque mythologique.

Il y a quelque chose,

là,

dedans.

On ne sait pas très bien quoi.

Quelque chose.

Comme un moteur,

une puissance.

Beaucoup de puissance.

Ça travaille dur,

ça pousse.

Regarde mon gars,

ton Rêve est

là.

C'est une grande chose, ne le lâche jamais.

Tous les Rêves viennent de là.

Rapporté par W.E.H. Stanner

Rêve de la Voie lactée

Yendumu. Tropique du Capricorne.
Rencontre en plein désert avec le vieux Paddy Sims, détenteur du Rêve de la Voie lactée :

– Hello
– …
– …
– …
– Fait plutôt chaud !
– Yeahwa !
– …
– *Business today, big business,* très occupé !
– Du *business ?* Quel *business ?*
– Devons restaurer le lien des étoiles dans le ciel…
– … ?
– Comme chaque année. C'est la cérémonie du Rêve de la Voie lactée. Initiation des jeunes garçons.
– Le Rêve de la Voie lactée ?
– C'est un grand Rêve qui raconte comment nos ancêtres ont fait voyager les étoiles dans le ciel. Il y a très longtemps, les étoiles sont tombées du ciel. Elles ont tué les grands animaux. Elles ont aussi donné naissance aux lieux sacrés. Ce sont les étoiles filantes qui ont porté les Rêves aux hommes. La Voie lactée, c'est notre père qui s'étire au-dessus de nous. Excusez-moi, je dois y aller. Le *business* ne peut attendre…

Paddy Sims Japaljarri
Peuple Warlpiri
Yuendumu

Rêve de la Voie lactée **(1987), Larry Spencer Jungarrayi.**
Ses pères du Temps des Rêves ont fait voyager les étoiles dans le ciel.

Rêve très secret

Réseau

Cette peinture signifie que la Terre est
comme un canevas.

Tu vois comment sont placés
tous les traits.
Il n'y a aucun espace vierge.
Tout le terrain est couvert.

Tout a toujours été partagé entre tous.
Personne n'est à l'écart de la chaîne.
On est tous à l'intérieur du *Wunam,*
et ce, pour toujours.

On vit tous à l'intérieur du réseau
de partage : les enfants,
comme les femmes et les hommes.

Tout est inclus.
Toutes les choses.
Tous les oiseaux et les animaux.
Toutes les créatures vivantes.

Tous font partie de la Loi du *Wunam.*

Paddy Wanna, Paddy Neowarra,
David Mowaljarlai, Laurie Gawanali

La Terre
est
une carte.

Parole de Cape York

Près du lac Naperby (1997), **Clifford Possum.**
Vue aérienne d'une portion du désert
aux abords du lac Naperby,
marquée des empreintes du Temps.

Yuendumu (1991), **artiste inconnu.**
Cinq hommes assis en face de quatre autres :
la transmission des Rêves se fait oralement lors des cérémonies,
des anciens aux plus jeunes.

La Loi est venue il y a très très longtemps.

Toutes les choses sacrées
sont venues à ce moment-là.

Seuls les hommes changent.
Ils naissent.
Puis meurent.
Mais la Loi, elle,
demeure.

Chaque homme est responsable
de la Loi
et de la culture.

La Loi vient des Débuts.
Les Européens l'appellent Histoire.
La loi des Européens change.
Notre Loi, elle,
demeure.

Mon grand-père donna la Loi à mon père.
Mon père me la donna.
Toujours la même.
Aujourd'hui, j'en prends soin.
Elle est ma responsabilité,
jusqu'à ce que je la transmette à mon tour.

L'esprit de cette terre pénétrera ma femme.
Elle aura des enfants,
des enfants de cette terre.
Tous appartiendront à ce pays.
Et à son Rêve.

Les hommes naissent.
Puis meurent.
Mais la Loi, elle,
demeure.

James Barripang
Pays Golpa, archipel de Wessel

Nous avons toujours la Loi aborigène,
nous l'appelons
Bugarrigarra.
Nous lui chantons des chants
mais pas comme vous, à la guitare.
Vous, vous inventez des chansons
et vous les chantez n'importe où.
La Loi aborigène c'est,
à chaque pays ses chants.

Le *business* de la guitare
nous est très étrange.
Toujours inventer une nouvelle chanson.
Puis l'oublier.
Puis une deuxième.
Et l'oublier à son tour.
Tout le temps, une nouvelle.

La Loi aborigène,
elle, ne change pas.

Paddy Roe
Peuple Nyekini
Pays Noonkanba

Rêve du Serpent de vigne (1994), **Maggie Napangardi Watson.**
Les deux serpents qui s'enroulent en spirale symbolisent la médecine.

Sans titre, **1993, Darby Jampijinpa Ross.**
Les Rêves coulent comme l'eau des fleuves et comme les traces des animaux dans le sable du désert.

En chantant, disent les vieux,
les esprits vivent,
et eux nous maintiennent en vie.

Ils ne sont pas morts,
ils continuent à venir de la terre,
depuis toujours.

Le Rêve n'a pas de fin.
Ce qui s'est passé se déroule,
encore
          et encore.

Billy Marshall-Stoneking
Papunya

À l'origine,

il y avait deux œufs.

Les œufs ont éclaté.
Le jaune s'est solidifié.
Le blanc a coulé pour donner naissance à la mer.

Nous, les Yolugis, sommes restés pour habiter la
Terre et nous chauffer au soleil.
Nous sommes en relation avec l'Étoile du Matin.

Les autres, les Balandas, sont partis à la nage,
sous la mer.
Ils sont en relation avec l'Étoile du Soir,
avec le coucher du soleil
et avec tout ce qui est froid.

Ainsi, vous les Balandas, vous êtes toujours sous
la mer avec les poissons,
et nous les Yolugis, dans l'herbe, sous les arbres,
cuisant au soleil.

Nous sommes de même origine, mais vous,
vous avez voyagé vers les contrées froides.

Maintenant vous revenez à la recherche de
votre pays et des vôtres.

Jack Wunuwun
Peuple Djinang

Clifford Possum peint les œufs de serpent de sa toile *Fleurs sauvages à Yabbierangu* (1991).

Nose Peg devant un trou d'eau à côté de Papunya,
le Pays de la Fourmi à Miel.

Les touristes peuvent
visiter mon pays.

Ils peuvent venir
le voir
de leurs yeux.

Découvrir ses sites
et les campements.
Mais ils doivent
tout laisser
propre.

Aussi propre que dans
les Temps anciens.

C'est notre Loi,
et les Blancs doivent eux aussi
la respecter.

Felix Holmes
Dernier « ancien » des Mimilngan

Avant je campais derrière l'arbre.
L'homme blanc campait derrière un autre arbre.

Lorsque je le regardais de derrière l'arbre,
il se cachait.

Lorsqu'il me regardait de derrière son arbre,
je me cachais.

Alors, j'ai pensé
que pour vraiment se regarder,
il fallait sortir de sous les arbres et
s'asseoir ensemble.

Pas besoin de vivre dans le camp de l'un
ou de l'autre, mais
nous pouvons être amis,
nous parler, travailler et marcher ensemble.

Il n'y a qu'un seul pays.
Nous devons le partager.

Hommes blancs et Aborigènes
peuvent marcher ensemble
et partager leurs cultures.
Ainsi,
nous construirons
l'avenir.

Paddy Roe
Peuple Nyekini
Pays Noonkanba

Rêve des Larves du désert (1990), **Helen Napaljarri Nelson.**
Assises aux pieds des arbres et munies de bâtons, les femmes creusent jusqu'aux racines pour en dénicher les larves.

Rêve de la Fourmi à Miel, (1986), **Charlie Jangala Chiso**
Les galeries souterraines creusées par les fourmis à mi
toutes se rejoignent au centre, sous l'arb

Dans les temps futurs

il n'y aura pas

d'homme blanc

il n'y aura pas

d'homme noir

nous serons tous un.

Auntie Sarah Mansell
Tasmanie

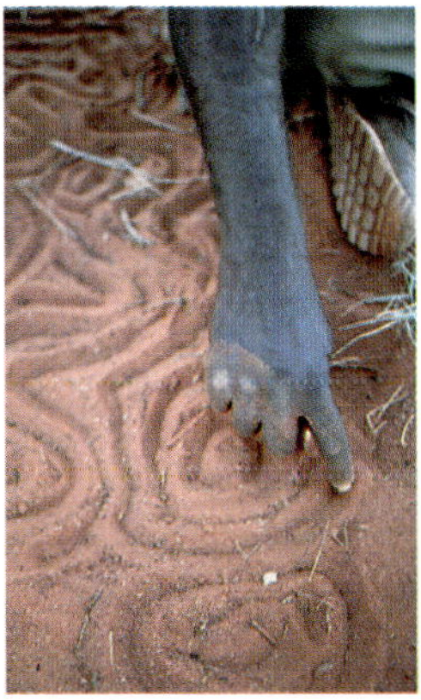

La peinture aborigène

Ces peintures à l'acrylique sur toile sont peintes par des artistes aborigènes. Les premières ont été réalisées en 1972, à Papunya, Tropique du Capricorne, à l'ouest d'Alice Springs, au cœur de l'Australie. Depuis, le mouvement s'est étendu à d'autres régions du pays : Utopia, Terre d'Arnhem, Turkey Creek, Balgo, Lajamanu, désert de Gibson... Elles sont des représentations des Rêves : leurs motifs sont les mêmes que ceux traditionnellement exécutés dans les grottes sacrées, sur les corps et dans le sable lors de cérémonies. Après usage, elles sont systématiquement détruites. Si les communautés aborigènes acceptent de « faire de l'art » et d'immortaliser ces images pour la première fois de leur histoire, c'est pour sauver leur culture en faisant entrer ces formes, *par l'écriture*, dans le patrimoine culturel de l'humanité.

Sources iconographiques

Les toiles de cet ouvrage proviennent :

- de la **collection de Tim Johnson**, peintre contemporain, qui depuis vingt ans, peint avec les artistes de Papunya et collectionne leurs toiles : **Mori Galerie**, 56 Catherine St., Leichhardt. 2040 Australie. © Tim and Vivien Johnson's collection pour les pages : 14, 20, 26-27 (photographie de David Godbold), 33, 34, 50

- de la **Galerie Aborigène Woo Mang & Partners**, 43, rue de la Folie-Méricourt, 75011 Paris. Tél. : 01 48 05 28 69.

© Woo Mang Galerie - Photographies de Béatrice Hatala pour les pages de garde : *Rêve de la larve blanche* (1997), Timmy Payungka Tjapangati ; p. 5 : *Peinture de sable* (1997), Clifford Possum ; p. 7 : *Lacs de Naperby* (1992), Clifford Possum ; et les pages 10, 13, 17, 19, 23, 25, 30 (et couverture), 37, 38, 41, 42, 49.

Photographies : © Peter Los, pp. 9, 45 ; © Thomas Johnson, p 29 ; © Tim Johnson, p. 46 ; © Jim Sheldon, p. 52 : « Le réseau auquel nous appartenons tous ».

Les textes ont été recueillis en Australie par l'auteur ou sont tirés des livres suivants :

• Aratjara, *Art of the First Australians*, catalogue d'exposition publié par Bernhard Lüthi, Düsseldorf, 1993.

• Big Bill Neidjie, Stephen Davis, Allan Fox, *Australia's Kakadu Man. Bill Neidjie*, Resource Managers, 1986.

• Stephen Davis, *Above Capricorn, Aboriginal Biographies from Northern Australia*, Angus & Robertson Publication, HarperCollins, 1994.

• Kevin Gilbert, *Inside black Australia, an anthology of Aboriginal poetry*, Penguin Books, 1988.

• Tim Johnson, *Across Cultures*, catalogue d'exposition publié par The University of Melbourne Museum of Art, 1993.

• Vivien Johnson, *The Art of Clifford Possum Tjapaltjarri*, Gordon and Breach Arts International, 1994.

• Peter Sutton, *Dreamings : The Art of Aboriginal Australia*, Viking Penguin Books, © The Asia Society Galleries, New York, and the South Australian Museum, 1988.

• *Le Chemin secret des Ngarinyin du nord-ouest australien*, Parthway Porject et Ngarinyin Aboriginal Corporation, 1997.

Pour aller plus loin :

• *Peintures aborigènes d'Australie, le Rêve de la fourmi à miel : exposition, Grande Halle de la Villette, Paris*, Indigène éditions, 1997.

• Wally Caruana, *L'Art des Aborigènes d'Australie,* trad. de l'anglais par Luc Bessière, Thames & Hudson, 1994.

• Barbara Glowczewski, *Du Rêve à la Loi chez les Aborigènes : mythes, rites et organisation sociale en Australie,* PUF, 1991.

Pour les enfants :

• Sylvie Crossman et Bronwyn Brancroft, *Sur les traces de la fourmi à miel,* Indigène éditions, 1997.

• Jim Poulter et Claire Forgeot, *Le Secret du Rêve*, Le Seuil, 1995.

Nous remercions les peintres aborigènes dont nous avons reproduit les toiles, Tim et Vivien Johnson, la galerie Woo Mang et l'agence : Aboriginal Artists Agency Limited de Cammeray, Australie.